BEI GRIN MACHT SICH IHR WISSEN BEZAHLT

- Wir veröffentlichen Ihre Hausarbeit, Bachelor- und Masterarbeit

- Ihr eigenes eBook und Buch - weltweit in allen wichtigen Shops

- Verdienen Sie an jedem Verkauf

Jetzt bei www.GRIN.com hochladen und kostenlos publizieren

Einführung in die Grundlagen der Sensordatenfusion

Alexander Backes

Bibliografische Information der Deutschen Nationalbibliothek:

Die Deutsche Nationalbibliothek verzeichnet diese Publikation in der Deutschen Nationalbibliografie; detaillierte bibliografische Daten sind im Internet über http://dnb.d-nb.de abrufbar.

ISBN: 9783346655875
Dieses Buch ist auch als E-Book erhältlich.

Druck und Bindung: Books on Demand GmbH, Norderstedt Germany
Gedruckt auf säurefreiem Papier aus verantwortungsvollen Quellen

Das vorliegende Werk wurde sorgfältig erarbeitet. Dennoch übernehmen Autoren und Verlag für die Richtigkeit von Angaben, Hinweisen, Links und Ratschlägen sowie eventuelle Druckfehler keine Haftung.

Das Buch bei GRIN: https://www.grin.com/document/1230208

Einführung in die Grundlagen der Sensordatenfusion

Hausarbeit T3_3000
Technische Vorbereitung / Wissenschaftliches Arbeiten

des Studienganges Mechatronik

an der Dualen Hochschule Baden-Württemberg Karlsruhe

von

Alexander Backes

15.02.2022

Bearbeitungszeitraum   16 Wochen

Dualer Partner

                       Daimler Truck AG

Zusammenfassung

Sensordatenfusion ist eine bedeutende Technologiedisziplin, die es ermöglicht eine Vielzahl von Informationen gewinnbringend zu kombinieren. Das Ziel der vorliegenden Arbeit ist es dem Leser[1] die Grundlagen der Sensordatenfusion näher zu bringen. Dazu wird zunächst der Begriff definiert. Anschließend wird hervorgehoben, warum diese Technologie in heutiger Zeit relevant ist und welche möglichen Einsatzgebiete sie hat. In diesem Zusammenhang werden die Vor- und Nachteile der Sensordatenfusion im Vergleich mit Einzelsensoren vorgestellt. Zusätzlich werden die wesentlichen technischen Grundlagen erläutert. Dabei wird näher auf die häufig eingesetzte Implementierungsform des Kalman-Filters eingegangen.

Aktuelle Forschungen deuten darauf hin, dass das Sensordatenfusion zukünftig weiter an Bedeutung gewinnen wird. Insgesamt handelt es sich um ein sehr umfangreiches Themengebiet. Die hier erläuterten Inhalte sind auf das wesentliche reduziert und dienen lediglich als Einstieg in das Themengebiet. Auf weiterführende Literatur zum Vertiefen wird an geeigneter Stelle hingewiesen.

---

[1] In dieser Arbeit wird aus Gründen der besseren Lesbarkeit das generische Maskulinum verwendet. Weibliche und anderweitige Geschlechteridentitäten werden dabei ausdrücklich mitgemeint, soweit es für die Aussage erforderlich ist.

Abstract

Sensor data fusion is an important technology discipline that enables different pieces of information to be combined profitably. The aim of this paper is to introduce the reader to the basics of sensor data fusion. In order to do this, the term is first defined. It is then highlighted why this technology is relevant in today's world and what possible areas of application it has. In this context, the advantages and disadvantages of sensor data fusion compared to individual sensors are presented. In addition, the essential technical fundamentals are explained. The frequently used implementation form of the Kalman filter is discussed in more detail.

Current research suggests that sensor data fusion will continue to gain relevance in the future. Overall, this is a very extensive topic. The content explained here is reduced to the essentials and serves only as an introduction to the topic. Suggestions with further literature for an in-depth analysis are given.

Inhaltsverzeichnis

Formelzeichen

Formelzeichen	Dimension	Erläuterung
x	1	Zufallsvariable
μ	1	Erwartungswert
σ	1	Standardabweichung
σ^2	1	Varianz

Abkürzungsverzeichnis

Abkürzung	Volltext
CT	Computertomographie
GPS	Global Positioning System
KF	Kalman-Filter
MRT	Magnetresonanztomographie

Abbildungsverzeichnis

Tabellenverzeichnis

1 Sensordatenfusion

1.1 Motivation

Ein Sensor ist ein Gerät das durch Messung physikalischer oder chemischer Eingangsgrößen Rückschlüsse auf die Umgebung zulässt und diese Informationen beispielsweise in Form eines elektrischen Signals ausgeben kann. Je nach Art, Stärke oder Umfang der aufzunehmenden Informationen lassen sich zahlreiche Sensortypen definieren, die spezifische Eigenschaften und somit verschiedene Stärken und Schwächen aufweisen können. Sensoren werden immer dann eingesetzt, wenn ein technisches System Informationen über seine Umgebung benötigt. Dementsprechend sind Sensoren heutzutage in fast jedem elektronischen Gerät enthalten (vgl. Reif, 2012, S. 95 ff). Die Informationen eines einzelnen Sensors ist räumlich und zeitlich begrenzt und ist zudem aufgrund verschiedener Störeinflüsse immer fehlerbehaftet. Moderne technische Systeme wie beispielsweise autonom fahrende Fahrzeuge, die vielfältige und zugleich präzise Umgebungsinformationen benötigen, nutzen daher eine Vielzahl unterschiedlicher Sensoren (vgl. Emter, 2021, S. 4 ff).

In den vergangenen Jahrzehnten ermöglichten stetige Weiterentwicklungen im Bereich der Informationstechnologie und der Datenverarbeitung immer leistungsfähigere Sensorsysteme. Moderne Systeme sind in der Lage in kürzester Zeit extreme Datenmengen anzusammeln, die verschiedenste Informationen in komplexen Zusammenhängen enthalten können. Aus den steigenden Ansprüche an moderne Sensorsysteme und deren Datenverarbeitung, ergibt sich die Notwendigkeit eine Vielzahl von Einzelinformationen effizient verarbeiten zu können. Die Kombination (Fusion) von Datensätzen verschiedener Datenquellen zur Verbesserung der Information bezeichnet man als Datenfusion. Handelt es sich bei den Datenquellen um Sensoren wird auch von Sensordatenfusion oder Multi-Sensordatenfusion gesprochen (vgl. Yan et al., 2021, S. 3 f). Das zugrundeliegende Konzept der Datenfusion ist nicht neu. In der Natur gibt es viele vergleichbare Ansätze, bei denen Lebewesen mehrere Sinneseindrücke kombinieren, um bessere Einschätzungen treffen zu können (vgl. Mitchell, 2012, S. 1; vgl. Yan et al., 2021, S. 4).

1.2 Definition Sensordatenfusion

Die Sensordatenfusion ist eine interdisziplinäre Technologiedisziplin, die unter anderem Schnittpunkte mit den Bereichen Kontrolltheorie, Informationstechnik, Statistik, Mathematik, künstlicher Intelligenz, Signal- und Datenverarbeitung hat. Die Sensordatenfusion ist ein Teilgebiet der Informationsfusion. Sensordatenfusion ist definiert als die „Theorie, Techniken und Werkzeuge, die zur Kombination von Sensordaten [...] in einem gemeinsamen repräsentativen Format verwendet werden"[2] (Mitchell, 2012, S. 1 [übersetzt durch Verf.]). Es handelt sich um einen mehrstufigen Prozess, der sich mit der effizienten Erkennung, Zuordnung, Korrelation, Schätzung und Kombination von Datensätzen befasst. Grundlegendes Ziel dabei ist es durch die Fusion qualitativ bessere also genauere bzw. mehr Informationen zu erhalten, als jeder Sensor einzeln betrachtet liefern kann (vgl. ebd, S. 1 ff). Das Prinzip ist beispielhaft in Abbildung 1 dargestellt. Eindeutig ist zu erkennen, dass das fusionierte-Bild die jeweiligen Details der Magnetresonanztomographie (MRT) und Computertomographie (CT) Aufnahmen kombiniert und dadurch insgesamt mehr Informationen enthält.

Der Ursprung dieser Technologie liegt in den 1970er Jahren im Bereich von Militäranwendungen. Seitdem gewinnt Datenfusion zunehmend an Bedeutung und wird aufgrund von Leistungssteigerungen im Bereich der Sensortechnologie und zunehmender Rechenleistung heutzutage immer relevanter. Die zahlreichen Anwendungsgebiete macht die Sensordatenfusion zu einer Kerntechnologie des 21. Jahrhunderts (vgl. Siciliano & Khatib, 2016, S. 867; vgl. Yan et al., 2021, S. 3 f).

Abbildung 1 Aufnahmen eines menschlichen Gehirns mit MRT-Technik (links), CT-Technik (Mitte) und die Fusion der beiden Aufnahmen (links) (Yan et al., 2021, S. 11)

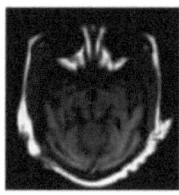 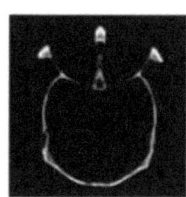 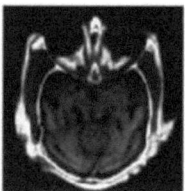

---

[2] „the theory, techniques and tools which are used for combining sensor data, or data derived from sensory data, into a common representational format" Mitchell (2012, S. 1)

2 Vor- und Nachteile der Datenfusion

Im Vergleich zu Einzelsensor-Systemen bietet die Datenfusion entscheidende Vorteile sowie einige Nachteile. Individuelle Vor- und Nachteile unterscheiden sich von System zu System und werden maßgeblich durch den gewünschten Anwendungsfall beeinflusst. Allgemein bietet der Einsatz von Datenfusion immer vielfältigere Möglichkeiten und mehr Flexibilität als Einzelsensoren. Vor dem Grundsatz bessere Informationen zu erzeugen, wirkt sich Sensordatenfusion positiv auf die folgenden Aspekte aus.

Steigerung der Messgenauigkeit: Durch die Kombination mehrerer unabhängiger Messungen, ist die statistische Schätzgenauigkeit des kombinierten Messergebnisses höher als die der Einzelmessungen. Die Standardabweichung nach der Fusion ist kleiner. Bei gleicher Vertrauenswürdigkeit ergibt sich daraus eine verbesserte Auflösung bzw. eine gesteigerte Genauigkeit. Ebenso wird die Detektionswahrscheinlichkeit von schwierig zu erkennenden Merkmalen erhöht (vgl. Mitchell, 2012, S.1 ff; vgl. Winner et al., 2015, S. 441 f; vgl. Yan et al., 2021, S. 11 f).

Stabilität: Da mehrere Messergebnisse vorliegen, werden zufällige Messabweichungen unterdrückt und Messfehler bei Einzelsensoren haben weniger Einfluss auf das Gesamtsystem. Durch den Abgleich mit anderen Daten, können mehrdeutige Messergebnisse besser eingeordnet werden. Außerdem können mehrere Sensoren so kombiniert werden, dass einzelne Stärken und Schwächen der Sensoren gegenseitig kompensiert werden (vgl. Mitchell, 2012, S.1 ff; vgl. Yan et al., 2021, S. 11 f).

Ausfallsicherheit: Durch die redundanten Informationen bei der Datenfusion ist der Ausfall eines Einzelsensors nicht so kritisch und bietet eine erhöhte Verfügbarkeit im Vergleich zu Einzelsensoren. Durch Kombination verschiedener Sensorprinzipien wird das Gesamtsystem robuster gegenüber wechselnden Umgebungsbedingungen, wodurch die Zuverlässigkeit ebenso erhöht werden kann. Neben der Robustheit gegenüber Sensorversagen, bietet Datenfusion auch erhöhte Sicherheit gegen Algorithmen-Fehler (vgl. Stüker, 2003, S. 5 f; vgl. Winner et al., 2015, S. 441 f).

Erweiterter Erfassungsbereich: Die Informationen unterschiedlicher Sensoren ergänzen sich. Durch unterschiedliche Sichtbereiche, Reichweiten oder Messgrößen der Sensoren wird der Gesamterfassungsbereich vergrößert. Sensorfusion kann die räumliche und zeitliche Abdeckung erhöhen und die Vollständigkeit der Informationen maximieren, indem vorhandene Informationen mit neuen verknüpft werden (vgl. Mitchell, 2012, S. 1 ff; vgl. Winner et al., 2015, S 441 f).

Informationsgewinn: Aus unterschiedlichen Messgrößen lassen sich unter Umständen neue Messgrößen ermitteln, die nicht direkt messbar sind. Abhängig von den verarbeiteten Daten wird zudem die Abstraktionsebene nach der Fusion erhöht (vgl. Mitchell, 2012, S.1 ff; vgl. Stüker, 2003, S. 5 f; vgl. Yan et al., 2021, S. 11 f).

Reaktionszeit: Datenfusion ermöglicht oftmals erhöhte Reaktionszeiten des Gesamtsystems, da Messwerte von langsamen Sensoren zwischen den Messvorgängen mit guter Genauigkeit abgeschätzt werden können. Außerdem können die Daten verschiedener Einzelsensoren parallel verarbeitet werden (vgl. Winner et al., 2015, S. 441 f; vgl. Yan et al., 2021, S. 11 f).

Kosten: Die Kosten des Gesamtsystems sind ausschlaggebend für die praktische Anwendbarkeit. In vielen Anwendungsfällen sind mehrere einfache Sensoren in Verbindung mit einer Datenfusion günstiger als wenige komplexe Sensoren, die die gleiche Datenqualität direkt liefern könnten. Dieser Kostenvorteil eines Fusionssystems nimmt jedoch mit der Verbesserung von Auswertealgorithmen für Einzelsensoren langsam ab (vgl. Stüker, 2003, S. 5 f; vgl. Winner et al., 2015, S. 441 f).

Flexibilität: Ein Sensorsystem das auf Datenfusion basiert ist deutlich flexibler einsetzbar als Einzelsensoren. Unter anderem kann die Genauigkeit oder der Messbereich eines bestehenden Systems durch Ergänzung eines weiteren Sensors verbessert werden, ohne das gesamte System zu erneuern. Durch ein Softwareupdate mit verbesserten Algorithmen kann die Leistungsfähigkeit des Systems nachträglich gesteigert werden, ohne die Hardware zu verändern. Ebenso ist es möglich gewisse Informationen auf mehreren Arten und Weisen zu erlangen. Dies kann zum Beispiel nützlich sein, wenn einige Sensortypen aufgrund von Design- oder Sicherheitsaspekten nicht verwendet werden können (vgl. Stüker, 2003, S. 5 f).

Ein Nachteil der Sensordatenfusion ist die gesteigerte Komplexität des Gesamtsystems, wodurch das System selbst fehleranfälliger wird. Abgesehen von der Sensorik selbst muss Rechenleistung bereitgestellt werden. Ebenso muss der gesteigerte Kommunikations- und Synchronisationsaufwand zwischen einzelnen Sensoren berücksichtigt werden. Dies spiegelt sich negativ auf die Gerätegröße, das Gewicht und den Energiebedarf wieder. Die Inbetriebnahme und Anpassungen des Systems sind aufwändiger und erfordern mehr Spezialwissen, als bei der Verwendung von Einzelsensoren (vgl. Yan et al., 2021, S. 11 f). In Ausnahmesituationen kann es außerdem dazu kommen, dass eine Datenfusion die Leistungsfähigkeit des Gesamtsystems herabsetzt („catastrophic fusion") (vgl. Mitchell, 2012, S. 10 f). Grundsätzlich muss also der Mehrwert einer Sensordatenfusion für jeden Anwendungsfall vorab geprüft werden. Besonders bei ohnehin schon komplexen Systemen überwiegen die Vorteile einer Datenfusion deutlich, weshalb die Datenfusion heutzutage großflächig Anwendung findet.

3 Bedeutung und Anwendungsgebiete

Die positiven Aspekte der Sensordatenfusion können in unterschiedlichen Kontexten verwirklicht werden. Breite Einsatzmöglichkeiten über unterschiedlichste Disziplinen hinweg sind möglich. Unter anderem wird Sensordatenfusion in der Industrie (Prozessüberwachung), in der Robotik (Umgebungskartierung, Positions- und Objekterkennung), zur Verkehrssteuerung (Automobil, Schifffahrt und Luftfahrt) im Gesundheitswesen oder auch im Gesundheitswesen, in Geowissenschaften oder im militärischen Bereich eingesetzt (vgl. Siciliano & Khatib, 2016, S. 867; vgl. Yan et al., 2021, S. 3 ff).

Ein bekanntes Beispiel für Sensordatenfusion stellt ein modernes Smartphone dar. Beispielsweise kann mithilfe einer Fusion von Beschleunigungs-, Drehraten- und Magnetfeldsensoren die Position und Orientierung des Gerätes sehr genau bestimmt werden. Bei Telefonaten werden üblicherweise mehrere Mikrofone gleichzeitig ausgewertet, um die Tonqualität zu verbessern. Ein weiterer typischer Anwendungsfall ist das Global Positioning System (GPS). Erst durch die Fusion der Daten von verschiedenen GPS-Satelliten kann die Position in ausreichender Genauigkeit und Zuverlässigkeit bestimmt werden (vgl. Emter, 2021, S. 5 f). Besonders in den letzten Jahren wird Sensordatenfusion auch immer stärker mit dem Automobilbereich in Verbindung gesetzt. Autonom fahrende Fahrzeuge, doch auch herkömmliche Fahrassistenzsysteme wie der Spurhalteassistent sind nur aufgrund von Sensordatenfusion in ausreichender Effizienz und Sicherheit möglich. Die Leistungsfähigkeit von Datenfusionsansätzen in diesem Umfeld ist mehrfach bestätigt und heute gehört Datenfusion bei vielen Automobilherstellern bereits zur Serienausstattung (vgl. Winner et al., 2015, S. 440).

4 Technische Grundlagen

4.1 Datenfusions-Strategien

Aufgrund vielfältiger Einsatzmöglichkeiten mit speziellen Rahmenbedingungen und Anforderungen an ein Daten-Fusionssystem, kann Datenfusion mit verschiedenen Fusions-Architekturen und auf unterschiedlichen Fusions-Ebenen realisiert werden. Je nachdem ob die Datenverarbeitung von einer oder mehreren Recheneinheiten ausgeführt wird, kann zusätzlich nach zentraler und dezentraler Datenfusion getrennt werden.

Die Fusionsarchitektur bzw. Fusionsart beschreibt dabei, wie die Daten verschiedener Sensoren miteinander kombiniert werden. Nach Stücker (2003) kann eine Fusionsarchitektur grundlegend in homogen und heterogen unterschieden werden. Homogene Systeme sind dadurch gekennzeichnet, dass alle Sensoren dem gleichen Messprinzip folgen und somit die gleichen Messgrößen und Genauigkeiten aufweisen. Im Gegensatz dazu bestehen heterogene Systeme aus unterschiedlichen Sensoren mit verschiedenen Messgrößen und Eigenschaften. Durch geeignete Auswahl der Sensoren können in heterogenen Systemen die Schwachstellen einzelner Sensoren durch Stärken anderer Sensoren kompensiert werden (vgl. ebd., S. 6). Auch wenn die Fusionsarchitektur in modernen Systemen oft nicht eindeutig klassifiziert werden kann, lassen sich dennoch vier Grundtypen der Fusionsarchitektur definieren (vgl. Mitchell, 2012, S. 3 f; vgl. Stüker, 2003, S. 6 f).

Kompetitive Fusion: Mehrere identische Sensoren untersuchen unabhängig voneinander den gleichen Sachverhalt. Durch die voneinander unabhängigen Messergebnisse, kann die Genauigkeit und Ausfallsicherheit verbessert werden, während Messfehler besser unterdrückt werden können.

Komplementäre Fusion: Mehrerer identische Sensoren, bestimmen eine gemeinsame Messgröße in verschiedenen Bereichen oder Reichweiten. Die Messdatenmenge bzw. der Gesamterfassungsbereich der gewünschten Messgröße wird vergrößert.

Kooperative Fusion: Daten unterschiedlicher Sensoren, die verschiedene Messgrößen bestimmen, werden fusioniert, um eine daraus zusammengesetzte neue Zielgröße zu erhalten. Die Zielgröße kann nicht aus den Daten eines einzelnen Sensors ermittelt werden.

Zeitliche Fusion: Die aktuellen Daten eines einzelnen Sensors werden mit den vorherigen Daten desselben Sensors fusioniert.

Darüber hinaus kann Datenfusion auf verschiedenen (Abstraktions-) Ebenen durchgeführt werden. Eine Ebene bezeichnet dabei einen Abschnitt der Signalverarbeitungskette, die von Rohdaten bis hin zu komplexen Interpretationen der Daten reicht. Die direkt vom Sensor erfassten Rohdaten liegen in der Signalebene. Eine Fusion in der Signalebene („data fusion") ist aufgrund der großen Datenmenge und fehlender Vorverarbeitung aufwändig. Allerdings ist dabei die Gefahr eines Informationsverlustes durch die Datenverarbeitung sehr gering und der potentielle Mehrwert am größten. Die Fusion auf Signalebene wird in der Praxis am häufigsten angewandt. Eine Ebene darüber liegt die Merkmalsebene, in der die Rohdaten zu Merkmalen wie Position oder Geschwindigkeit kombiniert werden können („feature fusion"). Werden diese Merkmale weiter abstrahiert, gelangt man in die Symbol- oder Objektebene, in der aus einzelnen Merkmalen beispielsweise konkrete Hindernisse oder Sachverhalte abgeleitet werden. Aufgrund weitvorangeschrittener Vorverarbeitung besteht bei einer Datenfusion auf Objektebene („decision fusion") das größte Risiko eines möglichen Informationsverlustes. Allerdings ist der Rechenaufwand am geringsten. Zusätzlich sind solche Fusionsansätze unabhängig von der Sensorik und damit vielseitig einsetzbar und wiederverwendbar. Werden Daten unterschiedlicher Abstraktionsebenen fusioniert, spricht man auch von gemischter Fusion (vgl. Hall & Llinas, 1997, S. 8).

4.2 Realisierungsmöglichkeiten

Aufgrund jahrelanger Forschung und den vielfältigen Einsatzbedingungen für unterschiedliche Sensorsysteme gibt es ebenso eine Vielzahl an Verfahren, wie eine Sensordatenfusion in der Praxis umgesetzt werden kann. Daher besteht die grundlegende Herausforderung bei der Implementierung einer Datenfusion in der Auswahl des besten Fusions-Verfahrens (vgl. Mitchell, 2012, S. 1). Eine ausführliche Zusammenstellung der am häufigsten verwendeten Methoden ist in der Arbeit von Castanedo (2013) aufgeführt.

Abbildung 2 Graphische Darstellung der Dichtefunktion einer Normalverteilung, farblich markiert sind Intervalle um den Erwartungswert μ mit dem Abstand einer Standardabweichung σ (MathWorks, o. J.)

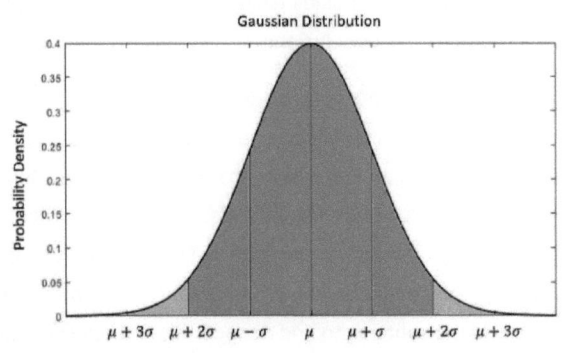

$$f(x, \mu, \sigma) = \frac{1}{\sigma\sqrt{2\pi}} * e^{-\frac{1}{2}*\left(\frac{x-\mu}{\sigma}\right)^2} \tag{1}$$

Fast alle mathematischen Verfahren zur Datenfusion basieren auf statistischen Modellen des realen Systems. Der Vorteil besteht darin, dass solche Modelle explizite Zusammenhänge zwischen Sensoren und Informationsquellen beschreiben und zugrundeliegenden Unsicherheiten vergleichsweise einfach berücksichtigt werden können. In vielen Fällen ist es ausreichend die statistischen Unsicherheiten anhand einer Gauß- oder Normalverteilung zu modellieren (vgl. Abb. 2). In diesem Fall lassen sich Messergebnisse und deren Unsicherheit durch einen Erwartungswert µ und eine Varianz σ^2 mithilfe von Formel (1) beschreiben. Solche Systeme können effizient und genau bestimmt werden. Allerdings gibt es auch Systeme, die nicht durch eine Normalverteilung beschrieben werden können. Dann sind aufwändigere Verfahren notwendig (vgl. MathWorks, o. J.).

Die am häufigsten eingesetzte und bekannteste Methode zur Sensordatenfusion ist das Kalman-Filter (KF). So beliebt ist es aufgrund seiner einfachen Funktionsweise und Implementierung. Die Eigenschaften des Kalman-Filters sind sowohl theoretisch als auch praktisch ausführlich erforscht. Das Kalman Filter arbeitet iterativ, wobei die beiden Schritte Schätzung und Korrektur zyklisch aufeinander folgen. Bei der Schätzung wird der Systemzustand anhand eines Systemmodells und Informationen des vorherigen Zeitintervalls abgeschätzt. Bei der Korrektur wird der aktuelle Zustand anhand von Messwerten korrigiert, wodurch die nächste Schätzung verbessert werden kann. Das lineare Kalman-Filter ist der optimale Schätzalgorithmus für ein lineares System. Für unterschiedliche Anforderungen gibt es auch verschiedene Varianten des Kalman-Filters. Die drei wichtigsten sind in Tabelle 1 aufgeführt. Nähere Informationen zur Funktionsweise und Implementierung eines Kalman-Filters finden sich in den Arbeiten von Grewal & Andrews (2014) und Yan et al. (2021).

Tabelle 1 Gegenüberstellung der drei wichtigsten Varianten des Kalman-Filters (vgl. Grewal & Andrews, 2014; vgl. MathWorks, o. J.)

Typ	Eigenschaften	Rechenaufwand
Lineares KF	Optimaler Schätzer für lineare Systeme	gering
Extended KF	Bessere Performance für nichtlineare Systeme, Linearisierung im Arbeitspunkt	mittelmäßig
Unscented KF	Optimiert für stark nichtlineare Systeme, Betrachtung von Probe-Punkten	erhöht

5 Ausblick

Das Gebiet der Sensordatenfusion gewinnt rasant an Bedeutung, da immer mehr moderne Systeme darauf basieren. Vor dem Hintergrund der Digitalisierung oder Industrie 4.0 wird der Bedarf an umfangreichen Sensorsystemen in der Industrie wachsen. Doch auch in vielen Bereichen des alltäglichen Lebens werden intelligente Sensorsysteme Anwendung finden. Aufgrund stetiger Zunahme der Verfügbaren Rechenleistung und besserer Sensorik werden sich zukünftig außerdem immer mehr neue Einsatzmöglichkeiten ergeben, die das bereits breite Anwendungsspektrum erweitern. Daher wird das Thema Sensordatenfusion zukünftig weiter an Relevanz gewinnen, da diese entstehenden Datenmengen bestmöglich und effizient ausgewertet werden müssen.

Bereits heute wird die Echtzeitfusion von Daten zunehmend praktikabel (vgl. Yan et al., 2021). Aktuelle Herausforderungen liegen noch im Bereich der Fusion von mehreren relativen Sensoren. Auch ist es zurzeit noch sehr aufwändig eine Vielzahl unterschiedlicher Sensoren zu synchronisieren (vgl. Emter, 2021). Die aktuelle Forschung zielt darauf ab diese und andere Herausforderungen zu bewältigen, sowie Datenfusionssysteme leistungsfähiger und zuverlässiger zu gestalten.

Quellenverzeichnis

Castanedo, F. (2013) „A review of data fusion techniques", *The Scientific World Journal*, Vol. 2013 [Online]. Verfügbar unter https://www.research-gate.net/publication/259003916 (Abgerufen am 10 Februar 2022).

Emter, T. (2021) *Integrierte Multi-Sensor-Fusion für die simultane Lokalisierung und Kartenerstellung für mobile Robotersysteme*, Karlsruhe, KIT Scientific Publishing.

Grewal, M. S. & Andrews, A. P. (2014) *Kalman filtering: Theory and practice using MATLAB*, 4. Aufl., Hoboken New Jersey, John Wiley & Sons.

Hall, D. L. & Llinas, J. (1997) „An introduction to multisensor data fusion", *Proceedings of the IEEE*, Vol. 85, No. 1, S. 6–23 [Online]. DOI: 10.1109/5.554205 (Abgerufen am 10 Februar 2022).

MathWorks (Hg.) (o. J.) *Introduction to Estimation Filters* [Online]. Verfügbar unter https://de.mathworks.com/help/fusion/ug/introduction-to-estimation-filters.html (Abgerufen am 2 Februar 2022).

Mitchell, H. B. (2012) *Data Fusion: Concepts and Ideas*, 2. Aufl., Berlin Heidelberg, Springer.

Reif, K. (2012) Automobilelektronik*: Eine Einführung für Ingenieure*, 4. Aufl., Wiesbaden, Vieweg + Teubner; Springer Fachmedien.

Siciliano, B. & Khatib, O. (2016) *Handbook of Robotics*, 2. Aufl., Berlin Heidelberg, Springer-Verlag.

Stüker, D. (2003) Heterogene *Sensordatenfusion zur robusten Objektverfolgung im automobilen Straßenverkehr* (Dissertation) [Online]. Verfügbar unter http://oops.uni-oldenburg.de/201/ (Abgerufen am 10 Februar 2022).

Winner, H., Hakuli, S., Lotz, F. & Singer, C. (2015) *Handbuch Fahrerassistenzsysteme: Grundlagen, Komponenten und Systeme für aktive Sicherheit und Komfort*, 3. Aufl., Wiesbaden, Springer Fachmedien.

Yan, L., Jiang, L. & Xia, Y. (2021) *Multisensor Fusion Estimation Theory and Application*, Singapore, Springer Singapore.